STEPHANIE MORGAN

Wind meiner Savanne

GEDANKEN DES MUTES IN DER DÜRRE

Brendow

Bibliografische Information der Deutschen Nationalbibliothek
Die Deutsche Nationalbibliothek verzeichnet diese Publikation in der Deutschen Nationalbibliografie; detaillierte bibliografische Daten sind im Internet über http://dnb.d-nb.de abrufbar.

ISBN 978-3-86506-341-0
Veröffentlicht im Joh. Brendow & Sohn Verlag GmbH, Moers

Fotos: Stephanie Morgan, alle außer Simon Morgan (Seite 27), Rassie Kleyn (Seite 39)
Einbandgestaltung: Brendow Verlag, Moers
Titelmotiv: Michelle Kohlrenken
Innengestaltung: Brendow Verlag, Moers
Druck und Bindung: Graspo, Dittelsheim
Printed in Germany

www.brendow-verlag.de

Inhalt

5 Manchmal
6 Stein in der Steppe
9 Genügsamkeit
10 Die Weite eines Herzens
13 Der rechte Blickwinkel
14 Feinde segnen?
17 Sein
18 Fremd bin ich
21 Vertrauen schenken
22 Innere Größe
25 Regungen der Seele
26 Gefangen
29 Gewissen
30 Erhebe dein Gesicht
33 Sternschnuppen
34 Auch wenn die Füße schmerzen
37 Wertschätzung
38 Das mit dem Fühlen
41 Gottes Schatten
42 Wer die Macht hat
45 Wahres Glück
46 Wind meiner Savanne

Manchmal

Manchmal scheint es so, als wären auch unsere Hände
am Kreuz festgenagelt angesichts all des Bösen in der Welt.
Manchmal scheint es so,
als würde die Stimme der Ungerechtigkeit
den Sieg über die Liebe davontragen.

Doch wie schnell vergessen wir,
dass die wirklichen Wunder meist im Verborgenen geschehen
und dass der Mensch erst die Worte lernen muss:
„Vater, vergib ihnen“, bevor er sagen kann:
„Es ist vollbracht!“

Stein in der Steppe

Ein Stein in der Steppe sprach einst zum Baum:
„Zu werden wie du, das wäre mein Traum."

Der Baum neigte sanft seine Blätter zum Stein:
„Mein Freund, dazu müsstest du viel weicher sein."

Der Stein seufzte: „Dann will ich Mensch sein auf Erden."
Der Baum: „Dazu müsstest du viel härter werden."

Genügsamkeit

Bewundernswert, diese genügsamen Arten,
die sich Lebensraum schaffen
trotz Mangel und Verzicht.
Sie wachsen meist unten geduldig und warten
wie ich auf den Regen
und beschweren sich nicht.

Die Weite eines Herzens

Wäre es möglich, die Weite eines Herzens wie die Weite eines Landes zu messen, könntest du eine übersichtliche Landkarte daraus machen und nur die Orte besuchen, die am schönsten und friedlichsten sind.

Aber da die Weite eines einzigen Herzens geheimnisvoll und unermesslich ist, würde es mehr als ein Leben lang dauern, sie zu erforschen. Und selbst wenn du glaubst, ein Wohnzimmer darin gefunden zu haben, und du gerne einen Blumenstrauß hineinstellen würdest – kein anderer als der Besitzer selbst kann dir den Ort zuweisen, den du in seinem Herzen letztendlich haben wirst.

Der rechte Blickwinkel

Sogar die blassesten Momente unseres Lebens
können an Bedeutung gewinnen
im Kontrast der Liebe Gottes.

Der Glaube ist es, der alle Dinge zum Besten dienen lässt,
so wie sich selbst in einem trockenen Halm
nie geahnte Schönheit offenbart.
Es erfordert nur den rechten Blickwinkel.

Feinde segnen

Wie kann ich denen Gutes wünschen, die mir schlecht gesonnen sind?
Was bedeutet es, Gottes Segen für die zu erbitten, die mir Unrecht taten?
Geht das nicht über meine menschlichen Grenzen des Wohlwollens hinaus?
Genau beleuchtet ist der Segen Gottes immer mit der Verwirklichung seiner Absichten verknüpft, zusammengefasst in dem Gebot der Liebe zum Nächsten und zu mir selbst.
Wenn ich also jemandem Segen wünsche, übergebe ich ihn der Sorge Gottes und brauche keine Bedenken zu haben, dass Gott irgendetwas bewirkt, das mir zum Nachteil sein könnte.
Ein Mensch, der Unrecht tut, bewusst oder unbewusst, hat erst recht den Segen Gottes nötig, egal wie beliebt, erfolgreich oder selbstbewusst er sich nach außen hin zeigen mag.

Feinde segnen bedeutet, positive Veränderungen in ihnen freizusetzen.
Meine eigene Gesinnung ist dabei mit einbezogen. Trage ich die der Schadenfreude, Bitterkeit oder gar Rache in mir, verhindere ich Veränderungen zum Guten, auch bei mir selbst.
Strebe ich nach der Charakterstärke des Erbarmens und der Vergebungsbereitschaft, dann spreche ich mit dem Segenswunsch Gott mein Vertrauen aus und überlasse ihm alles Weitere. Er wird seinen Segen zu seiner Zeit und nach seinem Ermessen auslösen.
Und dieser Segen wird letztendlich auf mich selbst zurückfallen.

Sein

Schwerer als etwas zu wissen
ist etwas zu sein
und noch schwerer,
das Sein
leicht zu wissen.

Fremd bin ich

Fremd bin ich mir geworden, als wäre ich in mir selbst nicht mehr zu Hause, zerfließendes Wasser, Pfützen bildendes Rinnsal, versickernd im Staub der Vergänglichkeit.
Mein Schrei nach Heimat verhallt nach innen.
Zentnerschwere Füße stolpern durch dorniges Gestrüpp. Entvölkerte Räume gähnen meiner Unruhe entgegen.
Wann komme ich an? Wo will ich hin?
Wer wartet auf mich an welcher Kreuzung?
Zitternder Glaube, dürstende Hoffnung ...
Gott warum? Du kannst dir selbst nicht untreu werden. Verzweifelte Liebe umklammert dich wie Kletten und atmet mit trotzigem Vertrauen die Chronik deiner Verheißungen ein.

Dann öffnen sich die Augen der Verblendeten,
Gelähmte springen wie die Gazellen.
Verstummte werden singen mit nie endenden
Liedern an hervorbrechenden Quellen.
In der Wüste entstehen Teiche im Sand.
Wo heute noch wilde Schakale bellen,
führt eine Straße in behütetes Land.

Nach Jesaja 35, 5-8

Vertrauen schenken

Nenne es nicht naiv und schwach,
Vertrauen immer wieder neu zu wagen,
sich weiteren Verletzungsgefahren auszusetzen.
Nenne es lieber mutig und stark.
Übermächtige Vorsicht und ständiger Argwohn
machen hart, unbarmherzig und einsam.
Lieber den göttlichen Rat beherzigen:
Mal die zweite Wange hinhalten,
mal ein paar Dornen und Kratzer in Kauf nehmen.
Wir lernen es doch immer wieder voneinander,
du von mir, ich von dir: Man überlebt es …

Innere Größe

Im Bewusstsein unserer menschlichen Winzigkeit stellen sich oft Enttäuschung und Resignation ein: Große Pläne und Bemühungen und viel zu wenig Auswirkung.
Doch ist es wirklich zu wenig?
Ist der Langsamste, der sein Ziel beständig im Auge behält,
nicht immer noch schneller als der,
der ohne Ziel herumirrt?

Innere Größe ist unabhängig von menschlicher Anerkennung.
Unser Drang nach Bedeutung vergisst oft, dass Gott den Wert eines Menschen nicht an seinen außergewöhnlichen, sondern an seinen gewöhnlichen Handlungen misst.

Treue und Verlässlichkeit im Kleinen und Unauffälligen machen uns zu den Menschen, die Farben in der Welt hinterlassen, deren Blüten still am Wegrand leuchten, aber unübersehbar den Unterschied zur Wüste ausmachen.

Regungen der Seele

Manche Regungen der Seele
sind so geheimnisvoll und unantastbar,
dass du dich nicht wagst,
ihre Bedeutung zu erforschen.
Du spürst sie nur und ihre Existenz
bewegt schweigend dein Leben.

Gefangen

Als die Hörner zu wachsen begannen, war der Hunger nach Freiheit und saftigeren Wiesen groß. Das neugierige Ziegenlamm verfing sich hoffnungslos im Zaun, der eigentlich als Schutz vorgesehen war.
Unfähig zu helfen, musste das Muttertier den verzweifelten Kampf des Kleinen mit ansehen. Vielleicht wäre es gestorben, wenn ich nicht zufällig vorbeigekommen wäre. Der Draht war eng. Um den zarten Kopf mit den widerhakenden Hörnern durchzudrücken, musste ich dem armen Kerlchen zunächst noch mehr Schmerzen zufügen. Doch dann Erleichterung:
Es war befreit, stolperte sofort zur Mutter, um wie wild an ihren Zitzen zu trinken. Sicher war es halb verdurstet.

Ob es jemals der Mutterziege böse sein wird, weil sie ihm nicht hatte helfen können?
Wird es gegen den Hirten bitter werden, der nicht rechtzeitig zur Stelle gewesen war?
Wird es sein Vertrauen in alle Hirten und deren Herden verlieren, vielleicht nie wieder eine Weide betreten wollen? Kaum denkbar!
Um die Ursache seiner Leiden in den Versagen anderer zu sehen, dazu hat es viel zu sehr die Natur eines Lammes in sich, was bei vielen unserer „Zickereien" zuweilen kein Nachteil wäre ...

Gewissen

Riskant wäre der Glaube, Gott existiere nur
in den Illusionen der Schwachen
und der Mensch müsse keine Rechenschaft ablegen
für seine Gedanken und Motivationen.

Gefährlich wäre dann das Alleinsein,
das Hineinhorchen ins eigene Innere, ohne Ablenkung.
Man müsste sich der Stille ausliefern –
dieser seltsamen Angst vor dem erwachenden Gewissen,
Angst, sich selbst und seinem Ursprung zu begegnen,
den Fragen nach dem Warum der Angst,
dem Warum der Tränen, dem Warum der Betroffenheit und ...
der Frage nach der Herkunft solcher Fragen.

Erhebe dein Gesicht

Erhebe glaubend dein Gesicht
zum Himmel auf und atme ein.
Spür die Trauer aus dir rinnen.

Sein Elixier aus Glanz und Licht
wird Balsam deiner Seele sein.
Wieder kannst du neu beginnen.

Sternschnuppen

Sich etwas wünschen, wenn ein verglühender Stern
über den Nachthimmel blitzt, das habe ich als Kind gerne getan.
Und immer war es derselbe Wunsch: Einen Freund zu haben,
der mich versteht, der mir vertraut und mich liebt,
ohne dass ich viele Worte machen muss.

Traurige Kinder schauen oft zu den Sternen auf,
träumen von einem Himmel voller Licht.
Traurige Erwachsene sehen keine Sterne mehr,
vergessen ihre Träume, und Verletzungen wiegen schwer.

Längst war er schon gekommen, der erwünschte Freund,
Herr aller Gestirne. Warum habe ich ihn so spät erkannt?
Vielleicht, weil er sich das Gleiche ersehnte?
MEIN Verstehen, MEIN Vertrauen, MEINE Liebe,
ohne dass er viele Worte machen muss.

Auch wenn die Füße schmerzen

Es ist besser, auf eigenen Beinen zu laufen,
auch wenn die Füße schmerzen,
als sich im „Rollstuhl" der Erwartungen
von anderen schieben zu lassen.
Denn Abhänge gibt es viele.
Menschenhände können schnell loslassen!
Und der bequemste Rollstuhl wird zur Falle,
wenn die Beine zu träge geworden sind,
um rechtzeitig abzuspringen.

Athens
Amsterdam

Wertschätzung

Ein Mensch, der Ansehen und Reichtum genießt, ist es gewohnt, täglich Wertschätzung und Beifall zu erhalten. Es ist nichts Besonderes mehr, und instinktiv ahnt er, dass es bei den Bemühungen um seine Freundschaft nicht immer um seine Person selbst geht.
Anders der Arme, Benachteiligte, der mühsam um seine Existenz kämpfen muss. Wer ihn für seine Anstrengungen lobt und ihm Aufmerksamkeit schenkt, ohne Hintergedanken, nur um seiner selbst willen, wird für immer in dessen Gedächtnis sein.

Schon mancher, der von ganz unten kam, hat später eine bedeutende Rolle in der Weltgeschichte eingenommen. Er wird sich immer an solche erinnern, die ihm im schlimmsten Elend Beachtung schenkten und ihm Mut machten, sich selbst als kostbaren Menschen zu erkennen, der die Verwirklichung einer besseren Zukunft in sich trägt.

Das mit dem Fühlen

Der Mensch ist stark im Tun, wenn er sich danach fühlt.
Oft kommt es aber darauf an, zu handeln,
wenn man sich auch nicht danach fühlt.
Wie viele Versprechen wurden gebrochen,
wie viel Gutes nicht getan?
Nicht weil man nicht stark genug war,
sondern weil man sich im entscheidenden Moment
nicht danach gefühlt hat.

Gottes Schatten

Wie wir auch zu kämpfen hatten
durch finsterer Tage Gewicht;
alleine schon Gottes Schatten
taucht unsere Seelen in Licht.

Wer die Macht hat

Ich bin machtlos gegen Menschen, die mich verachten, machtlos gegen Schweigen und Unversöhnlichkeit, machtlos gegen Türen, die verschlossen sind. Doch ich habe die Macht, zu dir aufzusehen, Herr, weil du der bist, der Macht verleiht oder zerbricht. Du hörst zu, wenn ich mein Versagen bekenne, über meine Enttäuschungen lamentiere und verbissen meine Rechtfertigung bei dir suche.
Du durchschaust meine Ablenkungsmanöver und bietest mir einfach deinen Frieden an.
Ich habe die Macht, diesen Frieden anzunehmen oder ewig in meinem Schmerz zu verharren.
Ich kann mich selbst bemitleiden oder Bitterkeit pflanzen gegen alles Unrecht.
Ja, ich bin machtlos in einem Universum der Irrungen, ein Winzling unter Winzlingen, voller Empörung und Angst. Heilung streckt sich mir entgegen, doch lieber will ich Genugtuung, quäle mich fast zu Tode in sinnlosem Leiden. Klagend erinnere ich dich an deine Gesetze. Freundlich erinnerst du mich an deine Vergebung. Ich aber will meine Version von Vergebung, meine Vorstellung von Versöhnung! Krank bin ich vor Eifer um meine Gerechtigkeit.
Mit Frostbeulen an Seele und Geist krieche ich in dein wartendes Schweigen, taste mich entkräftet an deiner Ruhe entlang und lasse mich endlich ganz bei dir zurück. Nenne es Kapitulation, nenne es Einsicht –
ich nenne es ... Rettung.

Wahres Glück

Es ist seltsam befreiend,
wie ein inneres Erwachen,
sein Befinden vom Glücklichsein
nicht abhängig zu machen.
Weder die Zukunft fürchten
noch den schmerzenden Blick zurück –
das verleiht Würde
und die wahre Voraussetzung zum Glück.

Wind meiner Savanne

Wind über der Savanne,
bizarre Gräser, von Hitze gestählt,
fügen sich im Gleichklang biegsamer Schlichtheit,
faszinierendes Leben verbreitend.

Blüten, wie aus Stein gezaubert,
stumme Zeugen eines genialen Geistes
trotzen Dürre und Staub.

Wer ist es, der seinen ewigen Hauch
durch zerklüftete Seelen trägt,
jedes Sandkorn zählt
und aus ihnen Wohnungen baut?

Du bist es, Herr, der tragende Wind
durch alle Savannen meines Lebens.

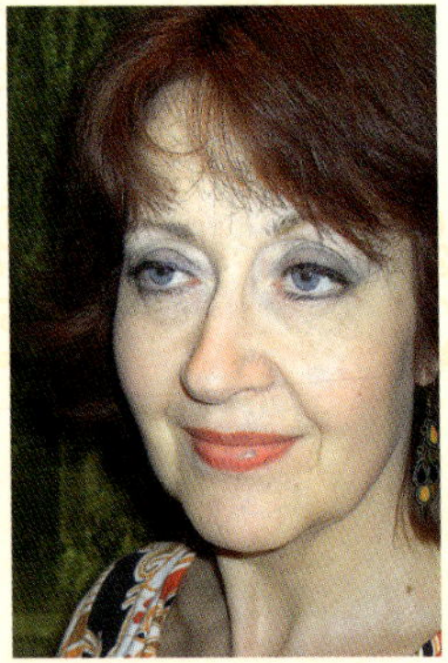

Zur Autorin

Wie ein frischer Windhauch in der Wüste sind die Gedanken des Mutes von Stephanie Morgan. Sie verbreiten Zuversicht, Gelassenheit und den festen Glauben an Gottes Voraussicht und sein Wohlwollen. Gerade in schweren Zeiten des Lebens können ihre Bilder und Eindrücke ermutigen und aufbauen.

Stephanie Morgan ist als christliche Sängerin, Laienschauspielerin und Referentin in zahlreichen Kirchen und Veranstaltungen aktiv. Durch ihre Ehe mit Elijah Morgan, einem gebürtigen Südafrikaner, aus welcher drei erwachsene Kinder stammen, hat sie eine besondere Beziehung und Liebe zu Südafrika gewonnen.

Inspiriert durch die faszinierende Landschaft der Karoo entstanden Bilder und Texte, die einer allegorischen Wanderung durch Wüsten und Savannen gleichen.

Kontakt:
E-Mail: me@stephanie-morgan-wolf.net
Website: www.stephanie-morgan-wolf.net